Tulika

कहाँ गई बिल्ली?

कहानी व चित्र **मंजुला पद्मनाभन**

अनुवाद **प्रिया कृष्णन**

Kahan Gayi Billi? (Hindi)

ISBN 978-81-8146-703-4

First published in India, 2009
Sixteenth reprint, 2023

Originally in English

Published by
Tulika Publishers, 305 Manickam Avenue, TTK Road, Alwarpet, Chennai 600 018, India
email reachus@tulikabooks.com *website* www.tulikabooks.com

Printed and bound by
SM Print, Chennai, India

“पूनी कहाँ है?” मिनी ने पूछा। “पता नहीं!” माँ ने कहा।

"पूनी! पू ऊ ऊ ऊ....नी ई ई ई!" पुकारती गई मिनी।

लेकिन पूनी को कुछ भी सुनाई नहीं दिया। उसकी नज़र थी कौए पर।

“मेरी छोटी-सी पूनी को देखा है?”

“नहीं!” बोली तोतेवाली। “मैंने किसी पूनी को नहीं देखा, न छोटी, न बड़ी।”

"आपने पूनी को देखा है क्या? नारंगी पूँछवाली?"

“नहीं तो,” छातेवाली आंटी ने कहा। “हमने किसी नारंगी पूँछवाली को नहीं देखा।”

“पूनी को देखा है क्या? नुकीले कानोंवाली?”

"नहीं," स्कूल से लौटती हुई लड़कियाँ बोलीं। "हमने किसी नुकीले कानों को नहीं देखा।"

"मेरी छोटी-सी शरारती पूनी को आपने वहाँ देखा है?"

“नहीं,” टीचर ने कहा। “पर तुम फुटपाथ पर तो आ जाओ, फिर ढूँढ़ते हैं।”

पूनी तो कहीं नहीं थी। और सड़क पर गाड़ियाँ बहुत तेज़ चल रही थीं।

"तुम अगर जल्दी घर नहीं लौटी तो माँ परेशान हो जाएगी," टीचर ने कहा।

“इसकी छोटी-सी पूनी खो गई है,” सबने कहा।

“उसकी नारंगी पूँछ और नुकीले कान हैं और है वह बहुत शरारती।”

“कहाँ थी तुम?” माँ ने पूछा। “कोई तुम्हारा इंतज़ार कर रहा है।”

"ओ!" मिनी बोली। "तू आ गई....."

"…..पूनी।" "म्याऊँ," मिमिआई पूनी। "म्याऊ ऊ ऊँ!"